Geschichten aus dem Zahlenland
Zehn Bücher mit je einer Geschichte für die Zahlen 1 bis 10
Entstanden im Rahmen der „Entdeckungen im Zahlenland", einem Konzept für die frühe mathematische Bildung von Prof. Gerhard Preiß

Preiß, Gerhard:
Geschichten aus dem Zahlenland 1 bis 5
Buch 2: Der Fuchs im Zweierland
ISBN: 3-9809690-0-2

www.zahlenland.info

DAEKYO
Der Verfasser der Geschichten hat im Jahr 2003 eine Übertragung seines Projekts „Entdeckungen im Zahlenland" auf das Home-School-System der Firma DAEKYO in Südkorea ausgearbeitet. Im Rahmen dieser Zusammenarbeit wurden die Geschichten ins Koreanische übersetzt und illustriert. Diese Bilder von Künstlern aus Südkorea wurden mit freundlicher Zustimmung von DAEKYO für die deutsche Ausgabe übernommen.
Illustration: Kwack, Sun Young
Satz und Druck: DAEKYO PUBLISHING / Tara TPS in Südkorea

Der Fuchs im Zweierland

Text: Gerhard Preiß **Illustration**: Kwack, Sun Young

Entdeckungen
im Zahlenland
von Prof. Preiß

Ein Fuchs, der die ganze Nacht auf der Jagd nach Mäusen war, kam an das Tor zum Zweierland.

Als er den Storch im Zweierland sah, schnalzte er mit der Zunge und sprach leise vor sich hin:
„Der Vogel schmeckt sicher gut. Wie schön und groß er ist.

Füchschen, jetzt musst du schlau sein!“

Er kroch in einen Busch und biss mit seinen scharfen Zähnen einen Ast ab, an dem viele rote Blätter hingen.

Diesen Ast hielt er mit seinen Hinterbeinen so fest, dass er wie ein zweiter Schwanz aussah.

Dann ging der Fuchs zurück zum Tor, stellte sich vor die beiden Torwächter und sagte mit freundlicher Stimme:

„Ich hab' zwei schöne, rote Ohren
und bin im Zweierland geboren."

Die Torwächter, die nur Zweierdinge ins Zweierland lassen, betrachteten die kurzen Ohren des Fuchses und seine lange Schnauze.

Dann schüttelten sie den Kopf und antworteten streng:

„Die Ohren sind zu klein,
du darfst hier nicht hinein.“

Dies hatte der Fuchs geahnt und deshalb den Ast als falschen Schwanz mitgenommen.
Er drehte sich um und zeigte den Torwächtern sein Hinterteil:

„Ich bin ein wundersames Tier
und hab' zwei rote Schwänze hier.“

Die Torwächter waren sehr erstaunt, da sie noch nie zuvor ein Tier mit zwei Schwänzen gesehen hatten.
Da es aber dunkel war, konnten sie nicht erkennen, dass der zweite Schwanz nur ein Ast war.

So ließen sie den Fuchs ins Zweierland eintreten:

„Eins und zwei,
du bist frei.“

Im Zweierland gefiel es dem Fuchs:
„Wie gut es hier nach Vögeln riecht!“

Er sah auch gleich unter einem Baum einen schönen Buchfinken, der am Boden nach Samen pickte.

Leise schlich er auf ihn zu.

Gerade wollte er ihn packen, da rief es von oben:

„Der Fuchs ist rot
und beißt dich tot.
Der Fuchs ist rot
und beißt dich tot."

Und der Buchfink flog weg.

Der Fuchs hatte nicht bemerkt, dass ein zweiter Buchfink auf einem Ast saß und von oben alles gesehen hatte.

Im Zweierland ist es so, dass die Vögel immer zu zweit sind. Wenn der eine Vogel Futter sucht, passt der zweite auf, ob eine Gefahr droht.

Natürlich warnen die Vögel einander in der Vogelsprache. Wisst ihr, wie das klingt? Tsi, tsi, oder zilp, zalp oder kuckuck, kuckuck usw.

Hungrig und ärgerlich ging der Fuchs weiter und kam auf eine große Wiese. Dort stand ein Haus.

Ihr könnt euch denken, wie ein Haus im Zweierland aussieht: Es hat zwei Türen, zwei Fenster, zwei Schornsteine und vor dem Haus stehen zwei Bäume.

Zum Wald hin gab es einige Büsche, und dort sah der Fuchs einen wunderschönen Storch.

Sofort duckte er sich ins Gras und näherte sich leise Schritt für Schritt dem großen Vogel.

Schon machte er sich zum Sprung bereit, da zog ihn jemand am Schwanz.

Es war der zweite Storch, der hinter einem Busch gestanden und aufgepasst hatte. Mit seinem langen Schnabel hatte er zugepackt, aber nur den falschen Schwanz erwischt.

Vor Schreck tat der Fuchs einen gewaltigen Satz,
ließ den Ast los und rannte, so schnell er konnte,
am Torwächter vorbei aus dem Zweierland hinaus.

Im Zweierland sangen fröhlich alle
Vögel in ihrer Sprache:

„Der Fuchs ist rot,
beißt niemand tot.
Der Fuchs ist rot,
beißt niemand tot.“

Brüderchen, komm tanz mit mir

Worte: volkstümlich
Weise : Volkstanz aus Thüringen

1. Brü - der- chen komm tanz' mit mir, bei - de Hän - de reich ich dir!
2. Mit den Händ-chen, klipp, klipp, klapp, mit den Füß - chen tripp, tripp, trapp!
3. Mit dem Köpf - chen nick, nick, nick, mit dem Finger-chen tick tick tick!

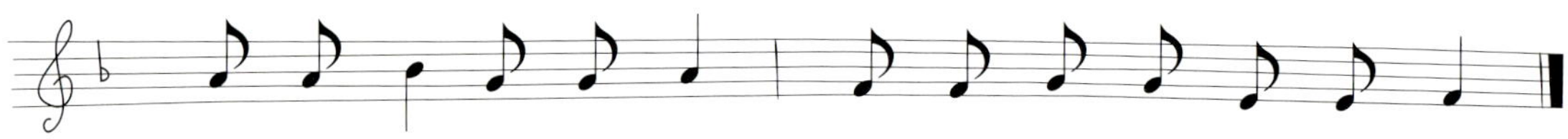

Ein - mal hin, ein - mal her, rund he - rum, das ist nicht schwer.